호모 사피엔스의 고백

시산맥 시혼시인선 057

호모 사피엔스의 고백

시산맥 시혼 057

초판 1쇄 인쇄 | 2025년 9월 26일
초판 1쇄 발행 | 2025년 10월 1일

지은이 이정자
펴낸이 문정영
펴낸곳 시산맥사
편집주간 김필영
편집위원 최연수 박민서
등록번호 제300-2013-12호
등록일자 2009년 4월 15일
주소 03131 서울특별시 종로구 율곡로 6길 36. 월드오피스텔 1102호
전화 02-764-8722, 010-8894-8722
전자우편 poemmtss@naver.com
시산맥카페 http://cafe.daum.net/poemmtss

ISBN 979-11-6243-632-5 03810 (종이책)
ISBN 979-11-6243-633-2 05810 (전자책)

값 12,000원

호모 사피엔스의 고백

이정자 시집

어릴 때 나의 뒷심은
뒷동산 같은 부모였을 것이나
지금 나의 뒷심은
신의 눈길 같은 가족과
무궁무진한 세계를 알게 하는 몇 권의 책과
홀로이면서도 고독하지 않은 충만함을 갖게 하는
인드라망 속의 따뜻한 존재와
저 찬란한 햇살과 나무와 꽃과 바람 같은 시와
타는 저녁놀의 황홀….

2025년 가을
이정자

■ 차 례

1부

2부

3부

4부

1부

언덕

언제부턴가
언덕이라는 말이 좋아졌습니다

그 언덕으로부터 봄이 오듯이
그 언덕으로부터 샘솟는 무언가

아장아장
걸어 넘어올 것만 같아

걸어 넘어와

뛰어놀 언덕이
나인 것만 같아

언제부턴가
언덕이라는 말이 좋아졌습니다

잎새의 집

떨어져 내린 한 그루 나무의 잎새들이 다 어디로 갔는지

바닷가 모래알에, 산비탈 바위에, 개천 돌다리에

잠시 앉았다 가는

햇살 한 줌, 고요 한 자락, 단풍잎 한 장

꽃같이 꺾어 들고
돌아가

잠들 집이 있다는 것은
행복한 일,

흰 백합의 향기와 쓰다만 시와 날개 접은 나비의 눈물이
가방 한켠

가
득
할

지
라
도

별

젊은 날
바라보던 별들이

아무나 가닿을 수 없는
아득한 고지를 향해
걸어갔을,

일찍 죽어
바람과
별의 시인으로
영원히 가슴에 살아 있는
푸른 청년
동주처럼

별들이
하나
둘
스러지네

순백의 광야 한복판으로

가뭇없이 걸어갔을
반짝이던 별들이

하나
둘

에덴의 서쪽

세상이 시끄러울 땐 때죽나무꽃 핀 숲으로 산책을 가자

몽우리 맺힌다 싶더니 꽃 피고 이내 떨어져 누운 꽃송이들
밟고 건너기에도 예쁜 숲속의 요정인 듯 흰빛 속을 걸으며
생각한다

어떤 꽃은 피어 있는 동안보다
떨어질 때 더 많은 것을 말한다는 걸

위를 보지 않는 것들은 아래로 핀다
피었다 떨어지는 줄도 모르게 떨어진다

아름다움의 속성이 짧다는 걸
이미 알고 있는 것처럼

불꽃은 사라진 지 오래
흰빛의 반짝임도 이내 서쪽으로 기운다

때죽나무꽃인 듯
일생 소소히 피었다 져도 좋다는 듯

〈

초록 에너지 받으며 걷고 있는 여기가 에덴인 걸
이미 깨달은 것처럼

노을

소리 내어 흐르던 고요가 입을 닫자

저 바닷가 서쪽 하늘에

저녁이 활짝 꽃을 피웠다

호모 사피엔스의 고백

나는 호모 사피엔스예요
이성적 사고를 하죠
나의 일상은
약속과 거짓말 사이를 오가죠
그러면서 어느 때는 근엄하게
또 어느 때는 자애로운 미소로
표정 관리에 능수능란하죠
여러 개의 가면을 갖고 있거든요
개도 안 물어 갈 양심 같은 건
오래전 폐기처분했죠
권력의 단맛 아세요?
한번 빠지면
헤어 나올 수 없는 마력을 가졌죠
독이에요, 엄청난 독
그게 함정이었어요
법 위에 군림하는 절대자처럼요
정적을 제거하려다
정적이 되어버렸거든요
왕관은 하루아침에
개뼈다귀처럼

바닥으로 굴러떨어졌고
나를 발가벗겨났죠
차라리 그때
멈춰야 했어요
사람에게 충성할 때 그때 말이죠
그 사람만 아니었으면…
그 사람만 아니었으면…
우리 인간이라는 종이
지혜를 가진 호모 사피엔스라구요?
천만에요
한없이 불완전하고
한없이 나약한 존재가 인간이에요
세상도 마찬가지죠
한없이 부조리하죠
유식한 얘기 해볼까요
태양 빛에 눈이 부셔
뫼르소'가 멀쩡한 뫼르소가
왜 왜? 그랬겠어요
그래놓고도 삶을 후회하지 않는다구요?
자기 방식대로 살았다구요?

모순이죠
어찌할 수 없는 모순덩어리죠
그래도 역사에 길이길이 남을
오판 따위 상관없이
세상은 잘 돌아가고 있잖아요

* 프랑스의 작가이자 사상가 카뮈가 발표한 소설 『이방인』(1942)의 주인공.

양떼목장엔 풀꽃들이 산다

무덤가 노란 양지꽃이 피어날 때면
꽃잠에 들었던 야생의 숲은 기지개를 켠다
그 곁 양떼목장도 화들짝 깨어난다
풀꽃이 미풍에 살랑인다
가끔 가족이나 연인들이 찾아와
시끄러워도 풀만 뜯는 놈
쫑긋 귀 세우고 먼 산 바라보는 놈
똥 싸는 놈 오줌 갈기는 놈
양몰이 개들이 뛰어다니면
덩달아 뛰는 놈 쫓아가는 놈
천진무구한 아이 눈빛 닮은 놈
손 내밀면 혀로 핥는 놈
제 먹이 찾는 것에만 정신 팔인 놈
벌러덩 넘어져 용을 써도 못 일어나는 놈
평화롭기 그지없어 보이는 양떼목장은
정작 치열한 생존경쟁의 정글이어서
꽃향기 따라온 벌 나비뿐만 아니라
늑대나 멧돼지도 나타나곤 한다는데
꽃대를 밀어 올리던 얼레지가 죽은 척
시늉하는 것도 다 그 때문이다

늘대나 여우가 출몰할 때면
메기를 풀어놓은 미꾸라지 통처럼
살고자 퍼득이는 원초적 에너지가
천방지축 바위를 뛰어넘는다
비가 초록으로 쏟아지면 대지가 출렁인다
양떼목장은 생동하는 대자연의 한판 축제의 장이다
그런 양들도 죽을 때가 되면 온순해진다
돼지나 염소처럼 버둥거리는 저항 한번 없이
온전히 죽음에 순종한다
그래서 양들의 침묵 속엔
소리 없는 함성 같은 울음소리가 들린다
초록 물결 일렁이는 양떼목장에 가면
다양한 풀꽃들이 더불어 산다

슬픈 진실

세렝게티 초원
포식자와 초식동물의 사투는
네가 죽어야만 내가 사는
생존 본능의 장

신이 거꾸로 던져 심은 나무라 했던가
바오밥나무를 배경으로 물드는
황혼빛보다
더 극치인 자연의 아름다움이
또 있을까마는

밀림을 어슬렁거리던
사자의 우두머리도
늙으면
사냥할 힘이 없어
썩은 사체를 물어뜯다 죽어가는
슬픈 풍경을 너는 아니?

사람의 일생도
이와 별반 다르지 않다는 걸

〈

저기 한때
사자의 갈기를 휘날리던 한 사내가
지팡이를 짚고 절뚝이며 걸어가고 있는,

자연의 법칙이라기엔
너무도 슬픈 진실을 너는 아니?

수련

연못이 수련을 끌어당기고 있다
뿌리내릴 곳은 여기라고
귀소 본능처럼 돌아와
함께 꽃 피울 곳은 여기라고

구름이 둥둥
물속을 들여다보고 가고
별들이 총총
서성이다 가는,

새장이
새를 가두듯이
연못이
수련을 끌어당기고 있다

꽃이라 할까, 흉터라 할까

비올라를 켜는 그녀의 뺨에는
영광의 상처인 듯한 흉터가
열매처럼 맺혀 있었다

하루 연습 안 하면 내가 알고
이틀 연습 안 하면 비평가가 알고
삼일 연습 안 하면 세상이 안다더니

설혹
일류 뮤지션이 못 된다 하더라도

그녀의 얼굴에 피어난 피멍은
그 어떤 삶의 기록이나
진술보다 강력하고
그 어떤 꽃보다 아름다웠다

봄날

산책길
산자락 진달래가 하도 고와서
한 움큼 꺾어오려다가
그냥 거기 두고 왔다

지천으로 피어 있는
제비꽃 한 포기 캐어와
작은 화분에 심으려다가
그냥 거기 두고 왔다

벗 하나
노년이 다 되어
기적처럼 찾아와
밥 한 끼 나누고
돌아서 갔다

아름다운 것들을
눈으로만 담아 왔다
가슴으로만 담아 왔다

슬픔을 애도하다

저 배를 타고
생의 유람을
나선 사람들

휘몰아치는 폭풍도 만나고
무지갯빛 풍경도 만나야 하는데

선장 잃은
저 배의
항로는

마지막
관 뚜껑을 덮듯

바다 한가운데
장엄한 일몰

연두

희망은 어느 날 불쑥 찾아오는 것이 아니더라
참나무 씨앗 속에
한 그루 큰 참나무가 깃들어 있듯이
고난 속에 싹트고
절망 속에 움터서
때를 기다리는 봄처럼
어둠 속에 낮게 웅크리고
때를 기다리는 혁명군처럼
광야의 소리 없는 함성으로
소리소문 없이 고요히 오더라
희망의 빛으로 오더라
봄으로 오더라

난 네가 지금처럼 늘 행복했으면 좋겠어

그 어떤 슬픔
그 어떤 난관도 굳건히 헤쳐 나갈 수 있는
긍정의 힘으로
난 네가 살아가길 바라

햇빛, 달빛, 별빛이
너를 위해 존재하는 것처럼
나도 네 뒤에 배경으로 서 있을게

난 네가 많이 웃었으면 좋겠어
그래서
이 세상이 한층 더 밝아졌으면 좋겠어

2부

매화 꽃잎

별을 헤면서
별이 스치어 우는 소리를 듣던
매화가
허공에 날린다
눈꽃처럼
분분히 날린다

한 생이
그런 거라고,

산사의 범종 소리보다
먼저 해탈한 꽃잎이
졌다 피고,
피었다 진다

정점
-한강의 노벨문학상을 기념하며

책을 껴안고 살아도
개미 걸음인데

지구가
출렁거렸다

총보다 느리게
칼보다 부드럽게

그녀가
그곳에 도달해 있었다
펜의 위력을
나직이 읊조리고 있었다

글을 통해
세상과 만나고 싶은 사람들

이 세상
가장 강력한 빽은
〈

예수도
부처도 아닌

펜이라는 듯이

우리들의 미지

가슴속 용암을
건반 위에 토해내는
그는 꼬마 철학자예요
내가 붙여준 애칭이죠
오월의 바람이
잎새를 흔드는
봄인가 싶으면
폭풍 몰아치는 여름이고
떠오르는 동쪽인가 싶으면
심오한 서쪽이에요
이토록 순수하고
이토록 진지한 영혼이라니
그의 뮤즈는
피아노의 거장 호로비츠도 아니고
곡이면 곡 노래면 노래 춤이면 춤이
다 되는 만능 엔터테이너
천오백 년의 시공을 뛰어넘어
가야금의 명인 우륵을 소환하다니
놀랍지 않으세요?
즐겁지만 넘쳐흐르지 않고,

애절하지만 슬프지 않은
낙이불류 애이불비樂而不流 哀而不悲의
음악 철학을 어찌 알았겠어요
피아노 칠 때가 제일 행복하다는
이 꼬마 철학자는
라흐마니노프를 꿰뚫고
우륵의 심장으로 바흐를 연주하는
자유를 갈망하는 구도자예요
내 책상 위에도
아직 읽어야 할 책이 있고
쓰고 싶은 글이 있죠
미래라는 나라는
아직 가닿지 않은 탐험지
우리들의 미지에요

아모르 파티[*]
-스스로 운명을 만드는 너에게

그 누구도

발 디뎌 본 적 없는

아직 발굴되지 않은

미래라는 나라에

어느 날

네가 찾아온다면

흰머리 우수수 지는

어깨를 툭, 치며

함께 가자고

가슴 뛸 일을 선물처럼 안고

네가 찾아온다면

닳은 신발 끈 조이고

함께 걸으리

* Amor Fati는 라틴어로 '운명을 사랑하라'라는 뜻.

레인보우

딸아이 신행 오던 날
여우비 쏟아지고
무지개가 눈앞에 펼쳐졌다

빨주노초파남보
아름다운 것은 잡을 수 없어
더 아름답다지만,

너는 무지개보다도
더 아름다운 사랑을 잡았고

그 사랑에
발목이 아니라
일생이 잡혔구나

고전

어린 왕자`는 죽은 별이 아니어요

'영웅교향곡처럼 꿈꾸고 합창교향곡처럼 살자'가 모토이던
스무 살 적에
  어린 왕자를 만났지요 그는 말해주었어요

  가장 중요한 것은 눈에 보이지 않아 마음으로 보아야 한다
구요 어린 왕자가 사는 별에는 하늘을 향해 뻗쳐오르는 바오
밥나무가 있는데 어둠이 내리기 전 타는 저녁놀이 가장 황홀
하게 아름답다는 걸요

  생의 아름다운 비밀을 말해주던 작가는 죽고, 책갈피에 끼
워 놓은 꽃잎은 빛과 향기를 잃어 금방이라도 바스러질 듯한
데, 삼십 년이 지난 책 속의 왕자는 늙지도 않고 밑줄 친 문장
은 그대로라

  사람만이 늙고 낡아간다 생각하면 씁쓸해지다가도 만물을
품은 대지의 여신처럼 우주의 가장 신비로운 생명체를 낳아
기르는 모성의 젖줄이라,
  함부로 울 수도 죽을 수도 없는 위대한 여자라는 생각을 하

는 날이면

　사람의 일생도 봄날에 가만히 꺼내 보는 귀룽나무 하얀 꽃
잎 따라 흩어진 사랑도 봄밤을 환히 밝히는 매화 향기처럼 고
전 아닌 게 없어요

　* 프랑스 작가 생텍쥐페리 작품. 철학자 하이데거는 20세기 최고의 인문
서로 『어린 왕자』를 꼽았다.

신이 한 분 살고 있어서

별이 아름다운 건
저 멀리
저 높이 있기 때문이다

만약 그 별이 지상으로 떨어진다면
사람들은 한갓 돌덩이에 지나지 않는다고
발로 툭 차거나 밟고 지나갈지도 모른다

꺾을 수 없이
아득한 저 벼랑의 금강초롱도
멀리서 바라볼 때 아름답다

꺾어
손아귀에 쥐어지는 순간
이미 시들기 시작할 것이니

지상으로부터
멀리 있어 아름다운 것보다
더 아름다운 것이
지상에 살고 있으니

〈
가지 많은 나무
이리 접히고
저리 접히고
얇아질 대로 얇아져
이제는 훨훨 하늘나라에
더 가까워진

별보다 더 깊고
꽃보다 더 고운
신이 한 분 살고 있어서
지상은 아름답다

세컨 하우스

다음 생 아닌
이 생에 아담한 산자락 아래 오두막 한 칸 지어야지
가지도 심고 고추도 심고 매화나무도 심어야지
매화 향기 그윽한 아침에는
쑥을 뜯어 쑥국을 끓일까
심심한 날엔 기차를 타고
동강과 서강이 만나는 영월 지나
아우라지 뗏목이 출발하던 정선 장엘 가야지
황기도 사고
메밀전병에 곤드레 막걸리 한잔하고
사람들 속에 섞여 장 구경을 해야지
꽃 피는 계절이 오면
아이들 어릴 때 함께 갔던 천상의 화원
태백산 유일사 오솔길 따라
카메라를 챙겨 얼레지를 보러 갈까
나이를 먹는다는 건
연륜의 향기를 더해가는 거라고,
평생 가족을 위해 애썼으니
숲의 정기가 깃든 오두막에서
토끼새깽이 같은

손자 손녀가 뛰노는 모습을
그 황홀한 생명의 숨결을
우리 젊은 날의 모습인 듯
오래오래 지켜봐야지

새와 새장

새장이
새를 향해
살금살금 다가온다

새장이
따라오는 걸
알고도 모르는 척

새는
더 멀리
더 높이
날아오를 것이다

날아오르는 것이
새의 본질이므로,

가두려는 자와
자유로운 자 사이에
기우뚱
지축이 흔들린다

꽃의 향기는 어둠을 이긴 빛이예요

삶에 대한 절망 없이는 삶에 대한 사랑도 없다
- 알베르 카뮈

눈이 녹기에
세상도 녹고, 경제도 녹고, 민심도 풀리는 줄 알았죠

방심은 금물이라구요?

영혼이라 해서
다 참되고 선하고 아름답지만은 않듯
봄을 시샘하는 꽃샘바람이
언제 혹, 가슴을 치고 달아날지도 모르니까요

눈 속에 매화가 피어나도
봄은 세상에 출마할 뜻이 없다고 합니다

하지만
꽃피어 본 이는 알죠
꽃의 향기가 어둠을 이긴 빛이라는 걸

당신도 그 빛이라는 걸

산책

독자에게
외면받는 시는 써서 뭐하나

시큰둥 등 돌리고 앉아
변화무쌍한 자연의 묘미나 즐기고
영혼은 음악으로 채우자고

금동반가사유상처럼
턱 고이고 책상 앞에 앉아 고민해 봤자
염화의 미소는커녕

아무것도 떠오르지 않고
아무것도 쓸 수 없을 때
나의 처방전은 걷는 것이다

걷다 보면
청보리 무르익는 풍경도 만나고
수레국화 꽃밭도 만나게 된다

그럴 때
부족함도 더함도 없는

자족의 세계가
청보리처럼 무르익어가는 것 같아 좋고
비움과 충만이
청보랏빛 수레국화 꽃물결처럼
경계 없이 넘실거리는 것 같아 참 좋다

그보다 더 좋은 건
'청보리 무르익는 수레국화 꽃밭을 혼자 걷다 왔다'고
써놓고 보니

수레국화의 꽃말인 행복이
꽃다발처럼 확, 안기는 순간

단 한 줄의 문장이
상징과 은유로
나를 매혹시킬 수 있다는 것과

이 생에 우리는
따로 또 같이 걸어가는
저마다 외로운 여행객이라는 사실이다

사과 한 알

가장 흔들리는 때가
가장 감수성이 빛나지
심장이 살아 있는 때지

점점 세상 보는 눈이 밝아지고
그 어떤 세상 미혹에도 끄떡없다는 듯
바위처럼 단단해져 봐라
사람의 유혹에는 끄떡없다가도
길을 걷다가
빨간 사과 한 알의 유혹에 흔들리다니!

눈에 보이지도 않는,
부서지기 쉬운,
마음을 믿느니

눈에 보이는 것에 이끌리는 나는
비로소 유물론자가 되었나!

애송시

꿈이 뭐예요?
누군가 물으면
이제 짐짓 말할 수 있으리

윤동주의 서시 같은, 곽재구의 사평역에서 같은, 함형수의
해바라기의 비명 같은, 기형도의 안개 같은…

시 한 편 남기는 것이라고,

따뜻하고도 아름다운

애송시

한
편
의

꿈

동행

어이없게도…
비행기 참사 소식에 아프고
나비의 운명에 아프고
꽃의 비명에 아프고
세상 참혹한 아픔들 씻을까
앞만 보고 걷고 있는데
힐끗 곁을 보니
동병상련의 슬픔을 아는지
희망이 나란히 어깨를 맞대고 걷고 있었다
아름다운 여행의 여정을 떠나고 싶은데
이 길이 언제 끝날 것 같소?
오랜 역사가 말해주듯
인간 세상이란 본디 양날의 검처럼
끝없는 갈등의 연속 아니겠소?
천상의 화원이 있으면 거기에는
향기로운 꽃만 있는 게 아니라
독사도 있고 멧돼지도 살고 있듯이
순리에 따르다 보면
하늘이 길을 열어주지 않겠소?
함께 걷고 있다는 존재만으로도 든든한
깨달은 자의 눈빛은 고요하고 따뜻했다

온유한 사랑

중앙탑 공원에
남녀가 마주보고 있는 조각상이 있다
그런데 이상한 것은
남녀의 가슴이 모두 뻥 뚫려있다는 것이다
저렇게 가슴이 뻥 뚫릴 정도의
극한의 경지에 다다라야
진정 사랑이라 할 수 있는 건지
작품 제목에는
또렷하게
'온유한 사랑'이라 적혀 있었다

3부

화왕

수레국화가 이쁘기로서니 마가렛만 할까
마가렛이 이쁘기로서니 양귀비만 할까
양귀비가 이쁘기로서니 장미만 할까
장미가 이쁘기로서니 모란만 할까

저마다의 빛깔은 개성 만점이고,
꺾을 수 없는 향기는 저마다의 취향

지상의 꽃들은 섭리 따라 피었다 지면 그뿐
지상의 사람은 깜냥껏 존재했다 사라지면 그뿐

빨간 우산이 있는 풍경*

집 문밖 기둥에 몸을 기댄 채 우산이 서 있다

저 멀리 하늘에 구름이 흘러가는 것도
바위틈에 제비꽃 한 송이가
봄을 몰고 오는 듯한 풍경을 바라보면서

해 뜨는 풍경에 감탄하고
해 지는 풍경에 감사하면서
아름다움을 향한 감각의 문이 열리듯 문이 열리고
누군가의 손에 쥐어질 때까지
마냥 기다리기도 하는,

젖으면 젖은 채로
날 개이면 잊히고
잊힌 채로 또 거기 서 있는,

문밖 기둥에 서 있는 것은 우산이 아니라 바로 나였나 봐요

풀밭 저 너머에
토끼와 거북이가 경주하는 거 보실래요

〈

아름다움을 발견하는 일이란
아귀다툼의 지상에서
발을 조금 떼어 놓고
알을 낳듯 정신의 산물을 쑥쑥 낳는 일이에요
옹골차게 꽃을 피우고 완성하는 일이에요

홀로 덩그러니 놓여 있지만
단단히 버티고 있는 저 우산처럼

사물의 정취와 마음의 풍경을 담고
현실과 상상 사이를 넘나들면서
아, 좋다! 평화란 이런 것이로구나, 느끼면 되는 거죠

* 황규백 화가의 그림 제목에서 차용.

가을, 운주사

투명하게 드러나는 가슴을 감추고 싶어
허위의 옷 껴입고 싶은 나이에도
지키고 싶은 약속 하나 있었던 것일까
나란히 누운 잠든 와불을 일깨워
아름다운 세상을 향해 나아가자는
약속 하나 있었던 것일까
비우고도 채운 듯
더 바랄 게 없다가도
만나고 싶은 사람 하나 없는 생은
얼마나 쓸쓸할 것이냐
희망 없는 내일은 얼마나 허무할 것이더냐
운주사 와불 앞에 서서
지나온 길을 아득히 내려다보는데
석등 옆 꽃무릇도 한 시절이라고 빨갛게 피었다

시

세상의 불꽃 다 저물고

꽃들도 시들어 땅에 떨어지자

침묵이 만발하였다

그 위로

도탄에 빠진

언어 쓰레기만 잔뜩 쌓여갔다

굴뚝

옛날
명문가의 굴뚝은
나지막하다

나지막하지만
격조가 있다

이유인즉슨

굴뚝의 연기가
배고픈 민초들에게
보이지 않도록 하기 위한
배려라는 것,

그래서인지
우뚝하고 화려한 굴뚝보다
더 아름답다

산작약

반짝이는 햇살을 받으며
숲속으로 나 있는 길을 걸었죠
이 길 걷다 보면
나무와 새소리뿐이어서
이 길은 아는 사람만 아는 뒷길 같아서
이상하게 어깻죽지가 아니라
몸속에서 날개가 돋아 퍼덕이며 날아오를 것만 같이
가벼워져서
더 높이 더 멀리 날아가도 좋을 것만 같았습니다
고요 속 간간이 새소리 들리고
남한강 물길이 내려다보이는
오솔길 언덕에
사람이 아니라
나무 의자 하나 덩그러니 놓여 있었죠
거기에 잠시 앉았다 갈 의자가 아니라
크고 흰 산작약이 피어 있었다면
내 것인 양
꺾어 왔을지도 모르는

봄빛이 가장 예쁠 때

인간의 내면에 선악이 존재한다면
너의 배경에는 선 쪽으로 기우는 천사가 날개를 접고 있다.

한때는 구름으로 떠돌다 구릉에 갇힌 형상으로 개화를 꿈꾸
는 씨앗이었다가, 소낙비로 휘몰아칠 바람이었다가, 또 어떤
때는 자연의 섭리 따라 서쪽으로 기우는 노을빛으로 존재를
알리기도 한다.

사막의 오아시스처럼 잠시 네 곁에 깃들어도 물을 마시지
못하는 탄탈로스의 비극처럼 서로의 마음을 두드리기도 했을
나무와 나무 사이를 우리는 아름다운 거리라 명명할까, 창가
에 앉아 잊힌 듯 다시 불러내는 너의 호명을 이 생에 함께 걷
는 도반이라 할까,

대왕참나무 숲길을 걷는다.
반짝이는 햇살, 맑은 공기, 물가에 산들거리는 노랑꽃 창포,
빛으로 충만한 세계는 여한 없이 아름다우나 여운이 짧고,
나를 돌아보는 성찰의 미소가 없다면,
외로움으로 반짝이는 한 방울의 눈물이 없다면
삶의 빛깔을 어찌 다 안다 할 수 있겠는가.

〈

　스스로 갇혀버린 섬이 된 후에야 비로소 천사들의 합창 소리를 읽는다.

　어둠을 떨치고 날아가는 새가 되어 하늘이 키우는 대자연의 경전 그 초록빛 숨결에 귀의하고자 한다. 숲이 일렁인다….

중심 잡기

빛을 향해 뻗어가는 해피트리가 외골수인 줄만 알았죠

오늘은 화분을 반대 방향으로 돌려놓습니다
다시 빛을 향해 뻗어갑니다

저도 제 생의 빛이 되는 방향을 본능적 안다는 거죠

반목하고, 시기하고, 일희일비하는
부정 에너지가 주는 어둠을 멀리하고
사랑하고 상생하는 긍정에너지가 주는 햇살 쪽으로
가까이 더 가까이
내미는 손을 잡고 걸어왔듯이

곧게 뻗은 중심 기둥이
곧게 뻗은 삶처럼
다시 꿋꿋해졌군요

엘리시움[*]

피라미드 꼭대기
저 높은 곳에
아름답고 빛나는 그 무엇이 있던가요

그래요
현대인들은 치열한 생존경쟁으로
나무와 꽃과 새소리로부터 점점 멀어지는
계단에 서 있지요
올라가면 갈수록
사방 주먹다짐과 피 터지는 전투장이지요
거미줄만도 못한 냄새 풍기는 허공이지요

하늘이 키우는 자연을 닮은 사람들은
흙을 밟고 사는 단순한 삶이 로망일 수밖에요
풀잎 이슬에 우주의 섭리를 읽는 시인일 수밖에요

* 엘리시움(Elysium) : 이상향, 최상의 행복 그리스 신화에서 축복받은 사람들이 죽은 후에 사는 낙원.

잎새가 떨어지려는 순간

읽다 만 천의 고원을 끝내 펼치지 않은
그 여름이 빠르게 지나가고 있었네

있으면서도 없고 없으면서도 있는 세월 속으로
무엇인가가 걸어 들어왔다가 걸어 나가고 있었네

읽히지 않은 두꺼운 책갈피에
구절초 하얀 꽃잎을 따 끼워 넣으며
덮으려는데,

진부한 들판의 꽃들을 한데로 끌어모으며
저기 저 27층 누군가 아웃사이더처럼 하나의 섬으로 떠 있
었고
한 우주가 저가는 문턱으로 가을이 오고 있는 것이 보였네

세상은 반짝이는 한 방울의 눈물로 번져가고
천 개의 눈을 가진 골짜기를 지나
침묵 머금은 입술은 잔잔히 불어오는 미풍에도 흔들리겠지만

슬픔을 건너지 않고 가닿을 수 있는 바다는 없었네

나를 넘어서지 않고 넘을 수 있는 고지는 없었네

잎새가 떨어지려는 순간

오래전

오래전 일이었지

내가 쓴 글이
하늘에 가닿아
현실화하기를 꿈꿨었지만

중심축이 무너져 내리고,

창밖의 새들아
미안 미안…

무모한 줄 모르고
무모했던 열정은
소망에 닿지 못했지만

내가 절망하는 순간은
권력이나
돈 앞에서가 아니라
〈

따라잡을 수 없는
한 편의 시 앞에서라는 걸

꽃의 권력

붐비던 우동집도 썰렁하고
범바위 가는 길가
소풍 가는 길 카페도
문 닫은 지 오래
봄이 오고 있는 길목
장날 시장에 나갔더니
좌판에 펼쳐진
동백 수선화 장미 영산홍…
꽃가게 앞에서만은
코로나19도 비껴갔는지
사람들 기웃기웃
북적북적

핸드프린팅

이 좋은 봄날
꽃그늘에 마주 앉아
눈빛을 나누고
진리를 이야기할
사람 하나 없는
헛헛한 가슴을
손도장이라도 꾹 찍어
순간을 영원처럼
영원을 순간처럼
기리기로 하자
그렇게 해서라도
살아 있는 존재를
진리를 탐구하던
거장의 이름과 나란히
광장에 손꽃으로
피우기로 하자

탑평리 칠층석탑*

강가 언덕 위에 탑 하나 우뚝 서 있네
사철 푸른 소나무와 능수버들이 일품이네
하늘 한 자락 굳건히 받쳐 든
앙화를 배경으로
태양과 달과 별들이 무수히 내려앉았을
강가 언덕에 앉아
저녁노을이 스미는 줄도 모르게
흐르는 물길을 하염없이 바라보아도 좋겠네
묵묵한 침묵의 시간 위에
천년의 세월을 가늠해보아도 좋겠네
길과 길이 만나는 곳에 물길이 흐른다고
나라의 중심이 어찌 영광뿐이겠는가
세상으로 나 있는 길이
평화로울 수만은 없어서
앞다투어 차지하려던 땅엔
삼국의 말발굽 소리 요란하였다
어지러운 세상일수록
사람들은 두 손을 모으고
마을의 안녕과 나라의 번영을 빌고 또 빌었으리
깨지고 금 간 도굴과 질곡의 역사마저도

천년의 세월을 잠재우고
고난의 상흔이 외려 아름답구나
천년의 시공간을 받쳐 들고
남한강 옆 우뚝 선 기상이 미덥구나

* 국보, 통일신라시대 나라의 중심이라 해서 흔히 중앙탑이라 불린다.

자화상

백조白鳥가 뭔 줄 알아?
흰 까마귀래
미운 오리새끼 속의 백조가 아니라
까마귀이면서도
검은 까마귀 무리에 섞이지 못하고
학인 척
착각하고 사는,

흔적

숲속에
안락의자 모양의 조각작품이 있다

두 사람이 앉았다 간 자리였는지
두 개의 엉덩이 자국이 나란히 움푹 파여 있다

비 온 뒤 빗물이 고여 있다

어느 날엔 사람이 앉았다 가고
또 어느 날엔 새들이 쪼르르 날아와 물을 쪼아 먹고 가고
또 어느 날엔 고양이가 살금살금 물을 들이켜고 간다

흔적이 남아 있는 자리에
흔적도 없이

저마다의 가슴에 총총
-신경림 선생님을 추모하며

기어코 가셨는지요

별과 달과 해와
모래밖에 본 일이 없는 낙타를 타고
가셨는지요
무슨 재미로 세상을 살았는지도 모르는
가장 가엾은 사람 하나 골라
길동무 되어 가셨는지요

지금도
생가 앞 느티나무는 연초록 잎새 무성한데

모든 겉치레는 손 저어 마다하시고
작지만 참나무 같은 큰사람이셨습니다

갈대, 가난한 사랑 노래, 목계장터, 농무, 낙타…

심금을 울리는 찬란한 시의 씨앗을
저마다의 가슴에 총총 흩뿌리고 가셨습니다

키 큰 양귀비 증후군

화려한 장미가 그저 좋은 것만은 아니다
마거릿 대처가 총리가 되기 전
'자기의 양귀비를 크게 자라게 만들어라' 라고
시민들에게 권유했다지만, 정작
양귀비꽃밭에 키 큰 양귀비가 있으면 먼저 꺾어 내듯
부와 명예 다 가졌다고 그저 좋은 것만은 아니다
부러움을 넘어서 시기 질투로 인한
공격이나 비난의 대상이 되기도 하니까
지천으로 피어 있는 제비꽃 싫어하는 이 보았는가
민들레를 흔한 꽃이라고
보기 싫다 하는 이 보았는가
화려한 장미가 그저 좋은 것만은 아니다
부와 명예 다 가졌다고 그저 좋은 것만은 아니다

4부

화양연화

꽃이 되고 싶었던 때가 있었지요, 나무가 되고 싶었던 때가 있었지요, 바위가 되고 싶었던 때가 있었지요, 별이 되고 싶었던 때가 있었지요

꽃 나무 바위 별…

이 찰나의 맑음, 이 찰나의 슬픔, 이 찰나의 기원, 이 찰나의 충만…

이 모든 빛과 어둠을 뚫고서

살아 존재하는 지금 이 순간도
우리 생의 아름다운 한때! 라고,

그 속에 있을 때는 모른다고,

공고문

김남조 선생님과 통화를 하던 날
한국 문단 최고의 지성도
문명의 속도를 따르기가 어려웠는지
설렘과 긴장으로 02를 눌렀다
아흔이 넘은 노장의 목소리는
차분하고도 위엄이 있었다
조곤조곤
신간을 우편으로 보내주시겠다는 것과
코로나 끝나면 만나자는
아날로그식 약속이 있었다
젊은 날 하나의 로망처럼
시인의 시집을 전율하듯 읽었는데
보물 같은 두 권의 시집이
마지막 선물인 양 도착했고
약속은 깨지기 위해 있는 것이라는 듯
끝내 선생님을 만나지 못했다
2023년 2월 오탁번 시인의 뒤를 이어
그해 가을에 선생님이 가셨다
지상의 별을 소집한다는
공고문이 하늘나라에 떴었는지

2024년 오월에 신경림 시인마저 떠나가셨다
그렇게 슬픔을 안기고 문단의 별들이 졌다
마치 히말라야 토끼가 평원의 코끼리를 타고
한세상 돌아본 듯한 여정이었다

꽃말이 꽃을 넘어선다

그날 내가 받은 것은 화분이 아니라
마음이었나보다

붉다 못해
검붉은 자줏빛 꽃송이가
마음을 움켜 잡고
함께 가자고 속삭인다

내 안에는 자유를 구가하는
종달새가 살고 있는지
벗어나고픈 우물의 시간

파릇파릇 감각이 살아 있는
물결의 파랑이 이는
언어의 고지
그 바다로 가고 싶다는 생각

훨훨 날개 달고
날아가려 한다는 걸
먼저 눈치 챈 백양나무

〈

긴긴밤 지나고 나면
고결한 열정'같은 것이
따뜻한 인간애에서 우러나는
감사라는 것이 싹텄으면
그 숭고한 가치가 꽃물결로 일렁였으면

* 고결한 열정과 감사 : 카라의 꽃말.

촉촉하게 젖은 꽃잎 같은

어느 먼 한때
잠시 그녀를 질투한 적이 있었다

촉촉하게 젖은 꽃잎 같은
순결과 지성과 여성성은
같은 시인이 보기에도 예뻤다

세월이 흘러
어느 스님으로부터 전화가 걸려 왔다
오랫동안 잊고 있던 그녀 이야기를 했다

어느 산자락에
고라니처럼 깃들어 구도자처럼 산다고,

순간
경외심보다 연민보다
내가 이겼구나! 생각했다

그리고는

이내 곧 세속의 잣대로 들이댄

짧은 생각이 오래도록 부끄러웠다

누가 저곳을 일러 천상의 화원이라 하겠는가

풀꽃 내음보다 빗발치던 총탄과 화약 냄새가
더 짙게 배 있는 비무장지대
오늘도 녹슨 철조망에 기대어 원추리꽃 피고 지는데
누가 저곳을 일러 천상의 화원이라 하겠는가
여름비 맞으며 피어난 금강초롱을
그윽이 바라볼 이 없는,
평화를 가장한 저곳을 일러
누가 생태계의 보고라 하는가
사람이 사는 지상의 땅에는
푸른 사과가 무르익어가고
도라지꽃 피었다,
속절없이 곱게도 피었다
저 고운 청보랏빛이
우주의 빛이란 빛을 모두 끌어모아
사랑으로 알알이 맺혀 있는
빛의 파장인 걸 안다면
사람이 어우러져 사는
여기 이 지상의 땅이
진정 천상의 화원 아니겠는가

단풍잎 한 장

산책길
단풍잎 한 장
툭,
내 앞에 떨어진다

오, 곱게도 물들었구나!

햇살과 바람에
한 시절 물들었으니

백아의 소리를 알아듣던 종자기같이
물들었으니

낙엽이 된다 한들
무슨 미련과 집착이 있겠느냐

아름다운 한 생이여,

코로나19

2m 거리로 뚝 뚝 떨어지란다
안 그러면 끝장이란다

바이러스의 무차별 공격이
지상을 초토화시켰다

피붙이가 죽어 나가도
얼굴을 볼 수가 없고
손 한번 잡아주지도 못하고
영영 저세상으로의 이별이란다

잠시
문 닫은 공장 너머로 보이지 않던 별빛이
문 닫은 교회 지붕 위로 하얀 뭉게구름이
문 닫은 카페 창가로 맑은 햇살이
문 닫은 대문 안으로 영혼의 울림 같은 사유의 향기가
흐른다

지구가 앓고 있으니
신의 계시인지도 몰라

〈

매일매일 손을 씻고
환기하면서
우리가 사는
지구의 환경과 기후와 미래에 대해 생각한다

무엇보다 지금 우리는
균형과 절제가 필요하다는 것
더 가까이 있으려고
더 멀어져야 한다는 것

콜백callback

뭐해?
입술에 걸쳐둔 말, 보내지 못했다

전화기 불빛이 꺼졌다 켜지고, 꺼졌다, 켜지고

그때도 그랬다
나는 사랑을 따라 떠났고
식탁에 빈 의자 하나를 오래 바라보아야 하는 엄마는 남았다

이제 알겠다
딸을 보내는 일은 몸 일부를 조용히 잘라내는
마취 없는, 고요한 절개

오래전
금방이라도 문을 열고 들어설 것 같다던
엄마의 그 말이 이제야 울림으로 맺히는

엄마도 이런 식으로 나를 매일 떠나보냈겠구나
세상의 모든 엄마들이 이랬겠구나
〈

네가 문득 보고픈 날이면 나는 거꾸로 엄마에게 전화를 건다
이름이 달라도 애틋함으로 돌아오는 길이 같다

울컥, 울지 않아도
엄마는 이미 다 알고 있다는 듯

햇살 세례

아이가 잠들기 전
나는 아이 곁에 누워
생텍쥐페리의 어린 왕자를 읽어주곤 했다
페이지를 넘기기도 전에 아이는 잠들었고
기도하듯이 가만가만 아이의 방을 걸어 나왔다
청년이 된 아이는
어린 왕자가 장미를 길들이듯이 사랑을 하고 있었다
그런 어느 날 이별이 찾아왔고
아침에 눈을 뜨고 보니
쏟아지는 햇살 세례에
눈물이 주르르 볼을 타고 흘렀다고 했다
다시는 순수한 사랑을 할 수 없을 것 같다고 했다
이별의 아픔보다 길들인 것에 책임을 지듯이
청년은 다시 만나 사랑을 하고 있었다
더 단단하고 깊어진 느낌이라고 했다
그게 사랑의 위대함이라고,
가만가만 속삭이고 싶었다

드라이 플라워

희망도
절망도

절판된

백지 위에

뻗쳐오르던 초록의 기억과
꿈꾸던 날들이 산맥처럼 뻗어 있지만
이제는 바다를 동경하지 않는다는 것,
마른 꽃잎에 실핏줄 같은
입술의 흔적이 물줄기처럼 퍼져 있지만
꽃이 피고 져도 아무렇지 않다는 것
해가 뜨고 져도 아무렇지 않다는 것

감정이라는
온도와 습도에 휘둘림 없이
심신이 평안하다는 것

발설

"이것만은 비밀로 해줘!"라고
네가 입 밖으로 내뱉는 순간
이미 이 세상에 비밀은 없는 거야

비밀도 아닌 비밀을 지키기 위해
무거워진 내가 숲속을 산책하고 있을 때였어
마른 덤불 속에서 참새 떼들이
옹기종기 모여 겨울을 나고 있지 뭐야
그들에게 먹잇감은 뭐겠어

임금님 귀는 당나귀 귀라고,

숲속에 깃든 정령과 예쁜 새들이
깜짝 놀라 깨어나든 말든 미친 척 소리치고는
입 앙다물고 해맑게 씻긴 얼굴로 돌아올 수 있는
숲 하나 있으면 좋겠다 싶었는데,
강물이 흐르는 솔밭보다야
사시사철 푸른 대나무숲이면 더 좋겠다 싶었는데,

사실 뿔나비와 꿀풀이 네 비밀 다 흘리고 다녔거든

〈

그러니 더 이상 내게 비밀을 발설하지 마! 쉿!

명약

숲속 골짜기에 개다래나무 보셨는지요

열매는 맺어야겠는데
꽃은 드실찮고, 해서
잎을 꽃인 양 허옇게 변색해서
벌나비를 불러 모으는 덩굴식물이 있는데요

먹으면 입안이 얼얼해서
사람이 먹을 수 없는 그 열매를
벌레가 먹는다는데요

벌레 먹은 충영은
요산을 녹여주어
신통방통하게도 통풍에 그만이라는데요

문명이 진화하면 할수록
살아남기 위한 생존전략이
자연에서나
인간세계에서나
처절할 수밖에 없는데요

〈

그래서 그 옛날
루소 어르신께서는
자연으로 돌아가자고 외치셨나 봐요

미륵대원지 귀부

천둥 번개
폭풍 한파 휘몰아쳐도
꿈쩍 않는
너는

손도 없고
발도 없고
입도 없지만

단단히 벼린
가슴속으로 흐르는

천년의 강물과
흐르는 별빛

깊고 깊은 그 속내
언제 다 풀어 놓을래?

꽃길

날마다
매일이
꽃길이라면
꽃길이 어찌 꽃길인 줄 알겠니

때론
어둠에 길을 잃어 헤매도 보고
거친 폭풍에 꺾일 듯 휘어져 봐야
꽃길이 꽃길인 줄 알지

어둠이 있어야
빛이 빛인 줄 알듯

물끄러미

응시한다는 것
바라본다는 것
그리고
생각한다는 것

그것이
설령
오독이라는
오류가 발생한다 해도

이 지구라는 행성에서
한 세월을
함께 피고 질 운명이라는 것

그래서
우리는
서로 사랑해야 한다는 것

아름다운 탐험지

발 딛고 싶은, 탐험하고 싶은, 발굴하고 싶은
미지의 세계가 존재한다는 것은 얼마나 가슴 뛰는 일이더냐

시 속에서
자유롭고 용감하고 아름다워서
미개척지를 탐험하는
불멸의 여전사처럼 당당하게
시심에 불을 지피곤 했다는 그녀

허위의 옷을 걸치지 않은
도전적이고
발칙한,

모험을
자극하는
탐험지는

이제 없는 거요?

존재의 빛살 아래, 우리라는 시간

강순(시인·문학박사)

현대는 시가 제자리를 찾기 어려운 시대다. 정보는 끊임없이 쏟아지고, 속도는 우리를 숨 가쁘게 몰아붙인다. 하루에도 수백 장면이 스쳐 지나가지만, 그것들이 우리 안에 머무르는 일은 드물다. 우리는 사물과 사건을 소유하려 애쓰지만, 그 순간을 깊이 들여다보는 일에는 서툴다. 시는 이 흐름 속에서 무엇을 할 수 있을까. 메를로-퐁티는 "언어는 우리의 몸과 세계 사이의 감각적 관계를 열어 준다."라고 말했다. 그 말처럼 시는 우리 안의 숨골을 열어, 잊히고 묻힌 감각을 되살린다.

특히, 시의 본질은 느림과 깊이에 있다. 시인은 사물의 표면에서 멈추지 않고, 그 이면을 더듬는다. 계절이 바뀌는 결, 잎이 떨어지는 순간의 숨, 바람이 스치는 공기의 떨림까지 붙잡아낸다. 그것은 단순한 묘사가 아니라 세계를 읽어내는 방식이다. 시는 눈앞의 장면을 단절된 이미지로 남기지 않는다. 대신, 그것이 어디서 와서 어디로 흘러가는지, 그 길 위의 의미를 묻는다. 노자가 말한 "큰 소리는 들리지 않는다."라는 역설이 시 속에서 실감된다.

시를 읽는 일은 세계의 표면에서 그 안쪽으로 들어가는 일이다. 그 여정에서 독자는 오래 묵혀둔 감각과 마주한다. 길 위에 드리운 해 질 녘의 그림자, 오래전 기억에서 불현듯 피어오르는 냄새, 나무의 껍질에 남은 세월의 무늬. 시는 그 모든 것을 '지금-여기'로 불러온다. 그래서 시 속 시간은 과거와 현재를 동시에 품는다. 그 안에서 우리는 사라진 것과 여전히 남아 있는 것의 경계를 새로 배운다.

그런 의미에서 이 시집은 그 배움의 장면들을 정성스럽게 엮었다. 이정자 시인은 일상에서 무심히 지나칠 법한 순간들을 끌어와 새 의미를 부여한다. 꽃 한 송이, 먼 길 위의 발자국, 흐릿한 창밖의 비까지도 새로운 얼굴을 갖는다. 시집 속 시들은 사소함을 통과해 보편에 이르는 길을 보여준다. 그것은 화려한 언어로 꾸며진 길이 아니라, 묵묵히 걸어야 닿을 수 있는 길이다.

결국, 이 시집은 독자에게 한 가지 제안을 건넨다. 속도와 소음이 지배하는 세상 속에서도, 잠시 멈춰 서서 들을 수 있는 귀와, 바라볼 수 있는 눈을 회복하자는 권유다. 그것은 거창한 구호가 아니라, 조용하고 단단한 초대다. 시는 그 초대를 통해 우리를 다시 세계와 연결시키고, 스스로와 마주하게 만든다. 이 시집이 남기는 울림은 바로 거기에 있다.

1. 숨겨진 얼굴들의 초상

인간은 언제나 '이성적 존재'라는 얼굴 뒤에 수많은 가면을 쓴 채 살아간다. 겉으로 보이는 모습과 달리, 내면은 불완전하고 모순덩어리다. 이성이라는 가면을 쓴 인간 존재의 복잡함과 나약함, 그리고 그 안에 숨겨진 고통과 연대를 이정자 시인은 정직하게 표현한다.

나는 호모 사피엔스예요

이성적 사고를 하죠

나의 일상은

약속과 거짓말 사이를 오가죠

그러면서 어느 때는 근엄하게

또 어느 때는 자애로운 미소로

표정 관리에 능수능란하죠

여러 개의 가면을 갖고 있거든요

개도 안 물어 갈 양심 같은 건

오래전 폐기처분했죠

권력의 단맛 아세요?

한번 빠지면

헤어 나올 수 없는 마력을 가졌죠

독이에요, 엄청난 독

그게 함정이었어요

법 위에 군림하는 절대자처럼요

정적을 제거하려다

정적이 되어버렸거든요

왕관은 하루아침에

개뼈다귀처럼

바닥으로 굴러떨어졌고

나를 발가벗겨났죠

차라리 그때

멈춰야 했어요

사람에게 충성할 때 그때 말이죠

그 사람만 아니었으면…

그 사람만 아니었으면…

우리 인간이라는 종이

지혜를 가진 호모 사피엔스라구요?

천만에요

한없이 불완전하고

한없이 나약한 존재가 인간이에요

세상도 마찬가지죠

한없이 부조리하죠

유식한 얘기 해볼까요

태양 빛에 눈이 부셔

뫼르소*가 멀쩡한 뫼르소가

왜 왜? 그랬겠어요

그래놓고도 삶을 후회하지 않는다구요?

자기 방식대로 살았다구요?

모순이죠

어찌할 수 없는 모순덩어리죠

그래도 역사에 길이길이 남을

오판 따위 상관없이

세상은 잘 돌아가고 있잖아요

-「호모 사피엔스의 고백」 전문

「호모 사피엔스의 고백」은 인간이 겉으로 내세우는 이성적 자아 뒤에 숨겨진 다층적인 내면의 진실을 솔직하게 드러낸다. "여러 개의 가면을 갖고 있거든요"라는 구절은 우리 모두가 자신을 숨기고 다양한 역할을 연기하며 살아가는 현실을 적나라하게 보여준다. 인간은 때로 스스로를 속이며, 그 속임은 삶의 불가피한 일부가 된다.

"권력의 단맛"과 "법 위에 군림하는 절대자처럼"이라는 표현은 권력의 유혹과 그 허망함을 직설적으로 밝힌다. 하루아침에 "왕관이 개뼈다귀처럼" 바닥으로 떨어지는 장면은 모든 권력이 얼마나 연약하고 덧없는가를 상징한다. 이처럼 권력과 가면 사이에서 인간은 본연의 자신과 마주하기를 두려워하며, 때로는 스스로 만든 가면에 갇힌다.

"한없이 불완전하고 한없이 나약한 존재"라는 고백은 인간 존재의 근원적인 한계를 인정하는 순간이다. 삶은 욕망과 허무, 고통이 뒤엉킨 모순으로 가득하지만, 우리는 그 속에서도 끊임없이 살아가야 한다.

특히 "태양 빛에 눈이 부셔 / 뫼르소가 멀쩡한 뫼르소가"라는 구절은 부조리한 현실 속에서도 자신만의 길을 가려는 인간의 모습을 떠올리게 한다. 이 시가 담은 모순과 고통은 단순한 절망을 넘어 삶의 아이러니와 연대를 부드럽게 일깨운다.

비록 인간이 연약하고 불완전해도, 삶은 계속되고 존재를 자각하는 순간부터 치유와 희망이 시작된다. 이러한 인간 존재의 다층적 내면은 같은 장에 속한 다른 시들에서도 더욱 깊이 탐구된다.

예컨대, 「콜백」은 사랑과 이별이라는 가장 개인적인 경험을 통해 감춰진 감정의 파동을 섬세하게 포착한다. "전화기 불빛이 켜졌다 꺼지는" 반복은 미처 전하지 못한 말과 감정이 끊임없이 맺히고 흘러내리는 모습을 상징한다.

또한, 「촉촉하게 젖은 꽃잎 같은」은 사회가 씌운 "여성성"과 "순결"이라는 가면 뒤에 감춰진 외로움과 연민을 조용히 응시한다. 과거에 질투했던 대상의 삶을 뒤늦게 이해하며, 시적 화자가 자기 자신도 세속적 잣대가 만든 가면에 갇혀 있음을 깨닫는 과정은 우리 모두가 가면이라는 틀 속에 놓인 존재임을 자각하게 한다.

이처럼, 이 두 시는 '가면'이라는 틀 아래 감춰진 인간 내면의 복잡한 풍경을 탐구하며, 「호모 사피엔스의 고백」이 제기한 '이성이라는 가면'을 쓴 인간 존재의 본질을 묵직하게 질문한다.

진짜 얼굴과 가면이 끊임없이 맞물리고 교차하는 이 세계에서, 우리는 한없이 불완전하고 나약하지만 그럼에도 불구하고 끊임없이 존재하는 존재임을 시인은 조용히 환기한다.

2. 지나가야 빛나는 순간

우리는 누구나 한때 꽃이 되고 싶었고, 나무가 되고 싶었으며, 바위가 되고 싶었고, 별이 되고 싶었던 순간이 있다. 그리고 찰나처럼 스쳐가는 그 빛과 어둠, 슬픔과 기원의 시간 속에서 비로소 지금 여기 살아 있음의 무게를 느낀다. 그 순간들은 잡으려 해도 손을 뿌리치고 지나가 버리지만, 지나가야만 비로소 빛을 내며 진정한 가치를 갖게 된다는 역설을 우리는 삶 속에서 겪는다.

꽃이 되고 싶었던 때가 있었지요, 나무가 되고 싶었던 때가 있었지요.
바위가 되고 싶었던 때가 있었지요, 별이 되고 싶었던 때가 있었지요

꽃 나무 바위 별…

이 찰나의 맑음, 이 찰나의 슬픔, 이 찰나의 기원, 이 찰나의 충만…

이 모든 빛과 어둠을 뚫고서

〈

살아 존재하는 지금 이 순간도

우리 생의 아름다운 한때! 라고,

그 속에 있을 때는 모른다고,

− 「화양연화」 전문

「화양연화」는 네 가지 존재의 얼굴을 통해 시간과 삶의 다층적인 무게를 보여준다. "꽃"은 잠시 피고 지는 찰나의 빛이며, "나무"는 묵묵히 뿌리내리며 견디는 시간이다. 그리고 "바위"는 변함없이 버티는 지속성이며, "별"은 먼 우주를 비추는 영원의 빛이다. 각기 다른 시간의 결이지만, 모두 살아 있다는 증거임에는 다르지 않다.

하지만 시선은 결국 '지금 여기'로 돌아온다. 그리고 "살아 존재하는 지금 이 순간도 / 우리 생의 아름다운 한때"라는 고백 뒤에 "그 속에 있을 때는 모른다"는 낮고 부드러운 음성이 이어진다. 순간은 붙잡히지 않고, 오히려 지나간 뒤에야 그 빛깔과 의미가 온전히 드러나는 법이다.

찰나는 단순한 짧은 시간이 아니라, 세밀한 결을 가진 흐름이다. 그 안에 우리는 충만하게 머물지만 자신을 의식하지 못한다. 순간은 머무르지 않고, 늘 경계 위에서 반짝이다 사라진다. 그래서 시인은 자연의 순환 속에서 이 역설을 반복해 보여준다.

예컨대, 「단풍잎 한 장」은 붉게 물든 잎이 땅으로 내려가며 "무슨 미련과 집착이 있겠느냐"고 담담히 말한다. 잎은 스스로를 놓고 자연의 순리에 몸을 맡긴다. 또한, 「잎새가 떨어지려는 순간」은 마지막 한 호흡에 깃든 맑음과 투명함을 붙잡으려 한다. 찰나는 언제나 삶과 죽음, 빛과 어둠의 경계 위에서 그렇게 반짝인다.

빛과 어둠, 삶과 죽음을 함께 통과한 시간만이 한때의 의미를 지닌다. 이 시들은 그 의미를 단지 과거의 추억으로만 남기지 않고, '지금 여기'의 숨결 속에서 다시 불러낸다. 순간을 사랑한다는 것은 살아 있는 자신을 사랑하는 일이며, 존재의 본질과 마주하는 일이기도 하다.

이처럼 이정자 시인은 순간의 덧없음과 영원을 함께 감각하며, 그 사이에서 우리의 삶이 가진 무한한 가치와 아름다움을 은밀하게 밝혀낸다. 찰나의 순간들은 흩어지지만, 그 파장은 우리 내면 깊숙이 오래도록 남아 우리 존재의 빛으로 머문다.

3. 부서진 별빛, 그늘 속의 꽃잎

사랑은 어린 시절의 순수한 눈빛처럼 시작된다. 아이에게 『어린 왕자』를 읽어주던 순간, 사랑은 무방비한 채로 피어나고, 길들여지며 서서히 성장한다. 그러나 사랑이란 늘 밝음만이 아니라, 그늘과 상처를 함께 품는 복합적인 경험이다. 사랑의 빛은 때때로 우리를 아프게 하고, 깊은 슬픔과 마주하게 만든다. 그럼에도 사랑은 단절이 아니라 이어지는 과정이며, 부서지고 다시 모여 더욱 단단한 감정으로 우리 곁에 머문다.

아이가 잠들기 전

나는 아이 곁에 누워

생텍쥐페리의 어린 왕자를 읽어주곤 했다

페이지를 넘기기도 전에 아이는 잠들었고

기도하듯이 가만가만 아이의 방을 걸어 나왔다

청년이 된 아이는

어린 왕자가 장미를 길들이듯이 사랑을 하고 있었다

그런 어느 날 이별이 찾아왔고

아침에 눈을 뜨고 보니

쏟아지는 햇살 세례에

눈물이 주르르 볼을 타고 흘렀다고 했다

다시는 순수한 사랑을 할 수 없을 것 같다고 했다

이별의 아픔보다 길들인 것에 책임을 지듯이

청년은 다시 만나 사랑을 하고 있었다

더 단단하고 깊어진 느낌이라고 했다

그게 사랑의 위대함이라고,

가만가만 속삭이고 싶었다

- 「햇살 세례」 전문

「햇살 세례」는 이러한 사랑의 본질을 섬세하게 포착한다. 어린 왕자가 장미를 길들이듯이 사랑은 조심스럽고 천천히 쌓아 올려지는 관계이다. 하지만 시는 갑작스러운 이별과 함께, 환한 햇살 속에서 흘러내리는 눈물을 통해 사랑의 빛과 그림자가 동시에 존재함을 보여준다. 여기서 "햇살"은 단순한 밝음이 아니라, 상처와 그리움, 그리고 그 속에서 피어나는 새로운 사랑의 가능성을 함축한다. 빛과 그림자의 공존이 존재론적인 모순이자 우리 삶의 진실이기 때문이다.

이별이 남긴 슬픔과 책임감, 그늘진 기억은 사랑이 단순한 감정의 연속이 아니라 '시간'과 '변화'를 통해 완성되는 과정임을 말해준다. 사랑은 깨지고 다시 붙여지며, 부서진 별빛처럼 우리 마음 깊숙이 오래도록 반짝인다. 이 시가 묘사하는 사랑의 순환은 우리 모두가 겪는 삶의 고통과 치유, 그리고 성장의 비유이기도 하다.

이와 연결되는 「발설」은 마음속에 숨겨두었던 말들이 쏟아져

나와 흩어지는 모습을 그린다. 사랑의 고백이든 이별의 통보든, 한 번 내뱉어진 말은 소유할 수 없는 존재처럼 각자의 길을 걷는다. 이는 사랑이 관계 속에 머무르면서도 동시에 그 관계를 넘어 변화하는 본질임을 드러낸다.

또한 「흔적」은 사랑이 남긴 자취를 조용히 바라본다. 함께 걷던 길의 발자국, 식탁 위 두 잔의 컵, 오래된 옷장에서 발견한 메모까지, 사랑이 끝난 후에도 그 흔적들은 여전히 존재하며 현재에 머문다. 시인은 이 흔적들을 지우려 하지 않고, 오히려 살아 있는 것처럼 곁에 두고 바라본다.

결국 사랑은 부서지고 이어지는 지속적인 흐름이다. 부서진 별빛이 어둠 속에 오래도록 남아 빛나듯, 상처 또한 우리 내면을 은은하고도 환하게 밝힌다. 시인은 묻고 있다. 사랑이 끝난 뒤에도 우리는 여전히 사랑하고 있는 것은 아닐까. 그 답은, 감히 잊지 못한 채 숨겨둔 그늘 속 꽃잎처럼 조용한 존재일 것이다.

4. 경계 너머, 무한의 길

비무장지대라는 공간은 전쟁과 평화, 죽음과 생명이 교차하는 모순의 현장이다. 그곳에는 총탄과 화약 냄새가 짙게 배어 있지만,

동시에 풀꽃과 금강초롱이 피고 지며 자연은 꿋꿋이 생명을 이어
간다. 이 상처 입은 땅을 '천상의 화원'이라 부를 수 있을까? 시인
은 그 질문을 통해 진정한 평화와 아름다움이 무엇인지 묻는다.
그리고 그 경계 너머, 전쟁의 그늘 속에서도 생명의 무한한 길이 이
어지고 있음을 조용히 환기한다.

풀꽃 내음보다 빗발치던 총탄과 화약 냄새가

더 짙게 배 있는 비무장지대

오늘도 녹슨 철조망에 기대어 원추리꽃 피고 지는데

누가 저곳을 일러 천상의 화원이라 하겠는가

여름비 맞으며 피어난 금강초롱을

그윽이 바라볼 이 없는,

평화를 가장한 저곳을 일러

누가 생태계의 보고라 하는가

사람이 사는 지상의 땅에는

푸른 사과가 무르익어가고

도라지꽃 피었다,

속절없이 곱게도 피었다

저 고운 청보랏빛이

우주의 빛이란 빛을 모두 끌어모아

사랑으로 알알이 맺혀 있는

빛의 파장인 걸 안다면

사람이 어우러져 사는

여기 이 지상의 땅이

진정 천상의 화원 아니겠는가

      - 「누가 저곳을 일러 천상의 화원이라 하겠는가」 전문

　「누가 저곳을 일러 천상의 화원이라 하겠는가」는 비무장지대라는 특수한 공간을 통해 존재의 아이러니와 우주적 질서를 묘사한다. 시는 "총탄"과 "철조망"이 남긴 상흔 위에서 피어난 "원추리꽃"과 "금강초롱", "푸른 사과"와 "도라지꽃"이라는 생명체들을 대조적으로 제시한다. 이 꽃들과 열매는 단순한 자연물이 아니라, 전쟁과 파괴가 남긴 상처를 견디고 "우주의 빛"으로 재탄생한 존재들이다.

　시인은 그 공간을 "평화를 가장한" 허상으로 바라보면서도, 그 속에 숨겨진 생명의 강인함과 우주적 연대를 읽어낸다. "빛의 파장"이라는 표현은 물리적 빛의 현상을 넘어, 생명과 시간의 흐름이 만들어 내는 보이지 않는 에너지와 관계의 망을 상징한다. 이처럼, 경계와 분리의 공간에서 무한과 이어지는 새로운 관계가 싹트는 역설을 이 시는 섬세하게 포착한다.

이러한 사유는 같은 시집의 「명약」과 「아름다운 탐험지」에서도 확장된다. 약초와 풍경은 단순한 자연의 요소를 넘어 인간과 자연, 우주가 서로 교감하고 변주하는 살아 있는 현상으로 등장한다. 이 시편들은 우리 발아래 펼쳐진 "지상의 땅"이 사실은 우주 전체와 맞닿은 무한의 길임을 깨닫게 한다.

시인은 경계의 공간을 넘나들며, 그 너머에 숨 쉬는 생명들과 우주적 흐름 속에서 진정한 평화와 존재의 의미를 묻는다. 이러한 탐색은 경계 너머 무한한 세계와 인간 내면의 복합성을 동시에 아우르는 시집 전체의 여정이다.

이처럼, 이 시집은 우리 내면의 깊은 자각과 시대를 향한 진지한 응답이다. 고통과 사랑, 시간과 자연, 개인과 공동체가 얽히는 복합적 삶의 풍경을 담아내며, 이정자 시인은 언어를 통해 존재를 증언하고 세계를 직시하는 살아 있는 목소리를 낸다. 느림과 깊이라는 시의 본질에 충실하려는 이 목소리는 우리가 마주해야 할 질문과 희망을 섬세하고 힘 있게 전한다. 그리고 시적 발화의 과정에서 인간다움을 다시 발견하는 여정으로 우리를 초대한다.